Dieses Buch gehört:

Wir danken Erika Beckers und Christian Westkemper
für die fachkundige Beratung.

Alle Tipps und Informationen in diesem Buch sind sorgfältig
ausgewählt und geprüft. Dennoch können weder Autorin noch Verlag
eine Garantie übernehmen. Eine Haftung für Personen-, Sach- und
Vermögensschäden ist ausgeschlossen.

ISBN 3-8157-1928-3
© 2000 Coppenrath Verlag, Münster
Illustrationen von Thea Roß
Alle Rechte vorbehalten, auch auszugsweise
Printed in Belgium

Waldemars großes Gartenbuch

Susanne Tommes & Thea Roß

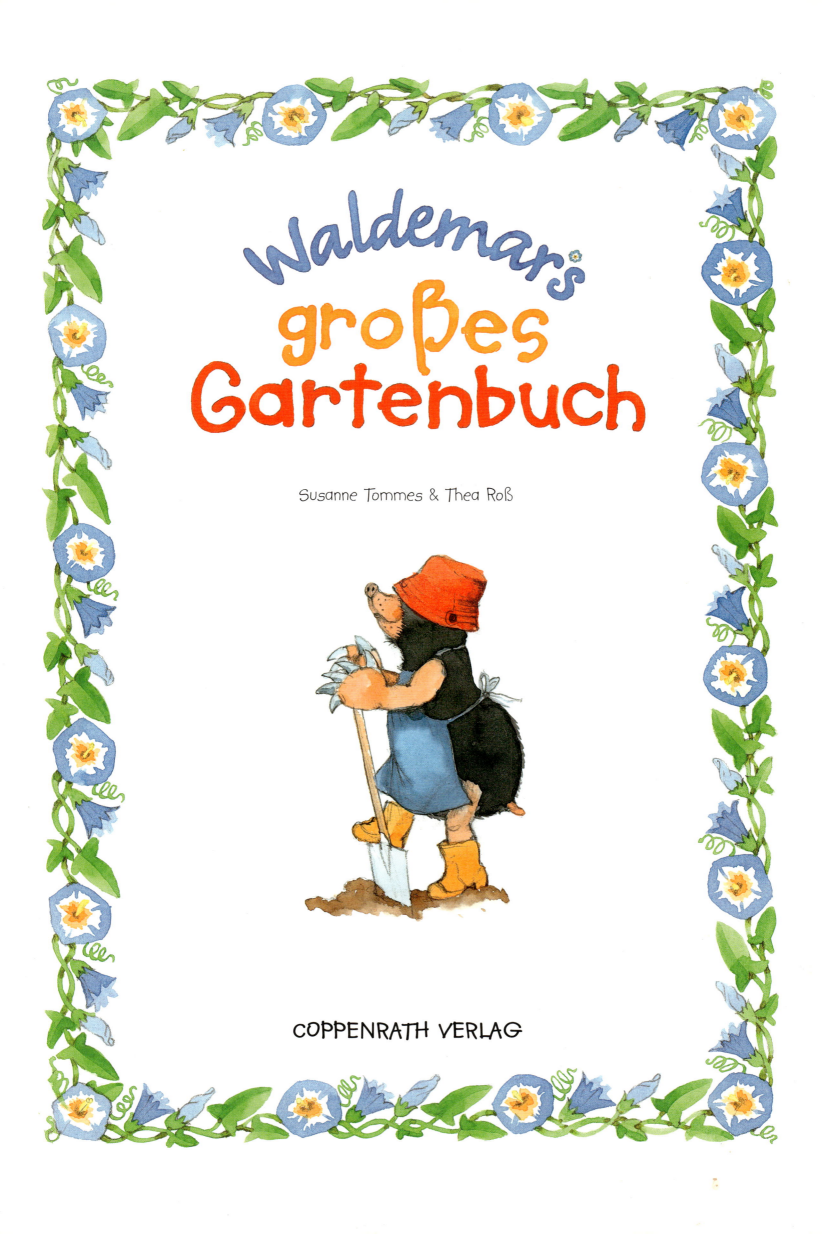

COPPENRATH VERLAG

Inhaltsverzeichnis

Was Gärtner brauchen	4
Was Pflanzen brauchen	6
Licht	6
Luft	6
Wasser	7
Nährstoffe	8
Woher kommen die Pflanzen?	10
Neue Pflanzen aus Ablegern	10
Neue Pflanzen aus Blattablegern	11
Neue Pflanzen aus Rosetten und Wurzeln	12
Neue Pflanzen aus Zwiebeln	13
Neue Pflanzen aus Knollen	14
Neue Pflanzen aus Kernen	15
Neue Pflanzen aus Samenkörnern	16
Bunte Sommerblumenpracht	18
Schöne Schlingpflanzen	19
Hmm ... leckere Kräuter!	20
Waldemar's Gemüsegarten	22
Kraut oder „Unkraut"?	24
Kleine Tiere ganz groß	26
Kakteen – echte Überlebenskünstler	28
Bäume	30
Kurz – knapp – kurios	32
Pflanzen, die sich bewegen können	32
Pflanzen, die kleine Tiere essen	33
Pflanzen, die auf Ästen gedeihen	34
Pflanzen, die sich zwischen Steinen wohl fühlen	35
Pflanzen, die im Wasser wachsen	36
Was tun zu welcher Jahreszeit?	38
Pflanzen und Tiere auf einen Blick	40

Hallo, Gärtnerin! Hallo, Gärtner!

Ich bin Waldemar, der Gartenprofi! Ich verrate dir, was Gärtner wissen müssen, damit's im Garten, auf Balkon und Fensterbrett tüchtig grünt und blüht. Hast du schon einmal beobachtet, wie aus winzigen Samenkörnern Keimlinge wachsen? Und wie daraus dann richtige Pflanzen mit Blüten und Blättern werden? Das ist echt spannend!

Hast du Lust, deine eigenen Pflanzen großzuziehen? Hier kannst du lesen, wie's geht: aus Ablegern, Blättern, Zwiebeln, Knollen und Samenkörnern. Alles kannst du in Blumentöpfen auf der Fensterbank ziehen, manches dann später ins Freie setzen. Essbares ist auch dabei – Tomaten, Kräuter und Erdbeeren. Hmm ... lecker!

Gärtnern macht einfach Riesenspaß! Vor allem, wenn deine Freundinnen und Freunde mitmachen! Habt ihr einen eigenen Garten? Sonst gibt's vielleicht im Kindergarten oder in der Schule draußen ein Beet, wo ihr mit Spaten, Harke und Handschuhen gemeinsam loslegen könnt!

Ableger oder Pflanzenteile mit Wurzeln kriegst du bestimmt von Nachbarn und Verwandten. Stell dir vor: Bei manchen Pflanzen reicht sogar schon ein Stück von einem Blatt um ein neues Pflänzchen hervorzubringen. Und ich zeige dir Schritt für Schritt, wie du's machst!

Viel Spaß wünscht

Waldemar

Was Gärtner brauchen

Willst du auf dem Fensterbrett oder auf dem Balkon mit dem Gärtnern loslegen? Dafür findest du praktisches Werkzeug in der Küche (aber nicht in Omas Silberschublade!). Frag deine Eltern, was du haben darfst:

einen flachen Esslöffel um Erde in deine Blumentöpfe zu füllen,

eine alte Gabel mit langen Zinken zum Auflockern der Erde,

einen Holzlöffel, mit dessen Stiel du Löcher in die Erde bohren kannst. Und wenn du ein eigenes kleines Blumenbeet im Garten bekommst, dann wünsche dir einen Kinderspaten und eine Harke. **Aber Achtung:** Feste Schuhe anziehen, damit nichts passieren kann! Außerdem benötigen alle Gärtner eine Gießkanne mit Brause und eine Sprühflasche.

Zum Festbinden von Schlingpflanzen brauchst du ein paar Bambusstangen, etwas Blumenbast und eine Schere. Und mit einer Lupe kannst du dir Knospen, Blüten, Blätter und Krabbeltiere ganz genau ansehen.

Unentbehrlich sind Blumentöpfe aus Ton oder aus Kunststoff. Kunststofftöpfe haben jede Menge Vorteile: Sie sind preiswerter, gehen nicht so schnell kaputt und halten die Feuchtigkeit länger, weil das Wasser durch ihre Wände nicht verdunsten kann. Außerdem bekommst du die Wurzelballen aus einem Kunststofftopf leichter heraus: Drücke den Topf dazu von außen etwas ein.

Für ganz kleine Pflanzen nimmst du Eierkartons, die du später mit in den Boden setzt. Joghurtbecher sind auch prima. Unten hinein bohrst du ein Loch, damit überschüssiges Wasser abfließt.

Wenn du eine Tonscherbe und eine Schicht Kieselsteine darüber legst, vermeidest du, dass die Wurzeln das Loch verstopfen und Erde beim Gießen hinausgeschwemmt wird

Findige Gärtner sammeln luftdicht verschließbare Schraubgläser: ideal für Kräutersalz und Trockenkräuter! Die Gläser müssen sauber und die Deckel rostfrei sein. Für eine Samensammlung eignen sich auch Gläser ohne Deckel. Spanne einfach ein Stück Stoff übers Glas und befestige es mit einem Gummiband!

Mit Arbeitshandschuhen und toller Schürze macht das Gärtnern doppelt Spaß!

Was Pflanzen brauchen

Ganz klar: Pflanzen brauchen Licht und Luft, Wasser und Nährstoffe. Wie viel – das ist von Pflanze zu Pflanze verschieden. Pflanzen, die du im Blumenladen oder in einer Gärtnerei kaufst, liefern ihre Pflegeanleitung auf kleinen Schildern gleich mit. Doch auch ohne sie wirst du bald wissen, was gut für deine grünen Freunde ist. Beobachte sie ganz genau!

Licht

Pflanzen mit kleinen, hellen Blättern mögen's meist am liebsten sonnig. Je größer und dunkler die Blätter sind, desto weniger Licht benötigen sie in der Regel. Pralle Sonne oder Dauerschatten gefällt vielen Blumen jedoch nicht. Für Zimmerpflanzen ist es daher am besten, wenn du sie an ein Fenster im Westen oder Südwesten stellst. Im Norden ist es meist zu dunkel, im Süden zu heiß.

Luft

Damit deine Pflanzen prächtig gedeihen, brauchen sie auch frische Luft. Darum: Regelmäßig das Zimmer gut lüften oder – noch besser – die Pflanzen nach draußen stellen, wenn's das Wetter erlaubt.
Achtung: Zugluft vertragen Pflanzen nicht!

Standort: sonnig
Pflege-Hinweise: viel gießen, im Frühjahr etwas düngen

Wasser

Wenn es genügend regnet, brauchst du Pflanzen, die draußen im Blumenbeet wachsen, nicht zu gießen. Ihre Wurzeln ziehen die notwendige Feuchtigkeit tief aus dem Boden. An heißen Sommertagen und im Haus musst du jedoch der „Regenmacher" sein. Vor allem Topf- und Kübelpflanzen benötigen deine Hilfe. Denn die Erde in Gefäßen trocknet viel schneller aus als der Boden. Hier die wichtigsten Gießregeln auf einen Blick:

Die beste Zeit zum Blumengießen ist morgens und abends. Gießen bei prallem Sonnenschein bekommt deinen Pflanzen gar nicht gut.

Immer auf die Erde, nie direkt auf die Pflanze gießen! Und lieber einmal kräftig als häufig nur ein bisschen. Denn das Wasser soll die ganze Erde befeuchten, nicht nur die Oberfläche.

Bei manchen Pflanzen sieht man jedoch gar keine Erde. Dann schüttest du das Wasser einfach in den Untersetzer. Die Wurzeln ziehen die Feuchtigkeit nach oben.

Achtung: Nasse „Füße" mögen Pflanzen auf Dauer gar nicht. Wie immer du auch gegossen hast, ob von oben oder unten: Wenn sich eine halbe Stunde später immer noch Wasser im Untersetzer befindet, gießt du es ab.

Harten Boden lockerst du vor dem Gießen etwas auf. Dann kann das Wasser langsam bis zu den Wurzeln sickern. Ist dir eine Pflanze fast vertrocknet, tauchst du den ganzen Topf für eine Stunde in eine Schüssel mit Wasser.

Nährstoffe

Außer Licht, Luft und Wasser brauchen Pflanzen auch Nährstoffe zum Leben. Die finden sie im Boden. Doch nach einiger Zeit sind sie verbraucht. In Töpfen und Kübeln geht das natürlich besonders schnell.
Darum solltest du deine Blumen hin und wieder düngen – aber nur in der Wachstumszeit, also im Frühling und im Sommer. Sobald die Blüten verwelkt sind, darfst du nicht mehr düngen: Der Dünger könnte die Wurzeln schädigen. Es gibt die verschiedensten Düngerarten zu kaufen.

Achte auf die Gebrauchsanweisungen!

Flüssigdünger für alle Fälle

Festdünger löst sich fix

Langzeitdünger wirkt sechs Monate

Blattdünger, z. B. gegen Eisenmangel

Außerdem solltest du deinen Pflanzen einmal im Jahr neue Erde gönnen. Exotische Zimmerpflanzen brauchen spezielle Erde aus der Gärtnerei. Heimische Garten- und Balkonpflanzen verwöhnst du am besten mit Komposterde. Einen Kompost kannst du als Haufen oder in einem Behälter mit Deckel und Luftlöchern anlegen.

Wenn du darin pflanzliche Küchen- und Gartenabfälle sammelst, beginnen viele kleine Tiere, sie in Blumenerde zu verwandeln. Stell dir vor: In einer Hand voll Boden gibt es mehr Lebewesen als Menschen auf der Erde! Einige von ihnen sind so klein, dass du sie nur unter einem Mikroskop sehen kannst. Fachleute nennen sie Mikroorganismen. Regenwürmer, Asseln und andere Krabbeltiere helfen ihnen. Besonders tüchtig schuften alle, wenn du die folgenden Regeln beachtest.

Immer abwechselnd:

Küchenabfälle

locker-luftige Schicht aus Zweigen und Stroh

Regel 1: Je abwechslungsreicher die Kost für die fleißigen Fresser ist, desto besser wird später die Blumenerde! Die Mischung macht's!

Regel 2: Um sich pudelwohl zu fühlen brauchen die tierischen Komposthelfer viel Luft! Zweige, Stroh und zerknülltes Papier lockern den Kompost auf und sorgen für frischen Wind. Damit dein Kompost keine nassen „Füße" bekommt, sollte die erste Schicht ebenfalls aus solchen Dingen bestehen.

Regel 3: Genauso wichtig ist, dass dein Kompost nicht zu trocken wird. An heißen Sommertagen solltest du ihn darum mit etwas Wasser besprühen.

Bevor du deinen Kompostbehälter auf den Balkon stellst, gib ein paar Schaufeln fertiger Komposterde aus einem Gartenkompost dazu. Denn darin befinden sich alle wichtigen Komposthelfer – die winzigen Mikroorganismen genauso wie Regenwürmer, Asseln & Co.

Wenn Küchen- und Gartenabfälle abgebaut sind, ist deine Komposterde „reif". Ob es schon so weit ist, verrät dir der Kresse-Test. Und der geht so: Einfach Kressesamen in eine Schale mit Kompost säen, das Ganze feucht halten und beobachten. Wenn die Kresse nach wenigen Tagen sprießt und gedeiht, ist deine Erde fertig. Und du kannst die leckere Kresse auf einem Butterbrot oder im Salat genießen! Mehr zum Thema Säen und köstliche Kräuter kannst du auf den Seiten 16 und 17 sowie 20 und 21 nachlesen.

Woher kommen die Pflanzen?

Werkzeug, Töpfe und weltbeste Blumenerde – alles da? Dann fehlen also nur noch ein paar Pflanzen! Hast du Lust, selbst welche großzuziehen?

Neue Pflanzen aus Ablegern

Besonders leicht macht's dir die Grünlilie. Ihre weißen Blüten verwandeln sich in Mini-Grünlilien, die du direkt in deine Blumentöpfe pflanzen kannst. Nach ein paar Tagen haben sie Wurzeln geschlagen und du kannst die Stiele abschneiden. Günlilien lieben's sonnig und feucht.

Neue Pflanzen wachsen auch an den Ausläufern des Judenbart. Schneide sie ab und stelle sie in ein Glas mit Wasser, bis sie Wurzeln haben. Dann pflanzt du sie in die Erde. Die „Kinder" der Huckepackpflanze entstehen direkt an den Blättern der Mutterpflanze. Lass ein Blatt mit Kind in einem Wasserglas bewurzeln.

Neue Pflanzen aus Blattablegern

Auch aus einem kleinen Zweig mit Blättern kannst du eine neue Pflanze ziehen. Schneide ihn ab und stelle ihn in ein Glas mit Wasser. Bald sprießen Wurzeln und du kannst deinen Ableger in einen Blumentopf pflanzen.

Bei einigen Pflanzen reicht sogar schon ein einzelnes Blatt – zum Beispiel beim Usambaraveilchen. Entweder steckst du es in die Erde oder in ein Glas mit Wasser. Dann treibt es kleine Wurzeln. Wenn du ein Stückchen Holzkohle ins Wasser dazulegst, fault dein Blatt nicht. Übrigens: Später im Blumentopf mag es das Usambaraveilchen gern warm, aber nicht zu nass.

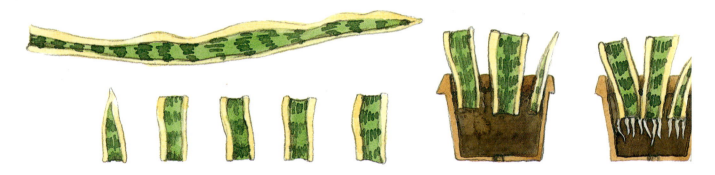

Und manchmal genügt sogar ein Stück von einem Blatt! Das heißt: Aus einem einzigen Blatt kannst du viele neue Pflanzen ziehen. Probier's mal mit Bogenhanf! Lass die vier bis fünf Zentimeter langen Blattstücke etwas antrocknen, bevor du sie richtig herum einpflanzt.

Auch Begonien können aus einem einzigen Blatt viele Nachkömmlinge bekommen. Einfach ein Blatt so in Stücke schneiden, dass immer eine Hauptader mitten hindurch läuft, … und dann mit der Schnittspitze ab in die Erde! Wenn du Glück hast, wachsen bald Wurzeln und im nächsten Frühling hast du prächtig blühende Pflanzen für Balkon und Fensterbrett!

11

Neue Pflanzen aus Rosetten und Wurzeln

Es macht großen Spaß, eine Ananaspflanze zu ziehen. Besorge dir eine Ananas, ein Messer, Holzkohle, einen Blumentopf, Erde und Sand. Los geht's! Den oberen Teil der Ananas (das ist die Rosette) abtrennen, kegelförmig zuschneiden, mit Holzkohlenstaub einreiben und trocknen lassen.

Nach ein paar Tagen setzt du den Stumpf in sandige Erde, obendrauf lässt du zwei Zentimeter feinen Sand rieseln. Jetzt brauchst du viel Geduld. Zwar ist nicht sicher, ob sich wirklich Wurzeln bilden. Aber wenn dein Versuch gelingt, kannst du ganz schön stolz auf dich sein!

Noch mehr Möglichkeiten entdeckst du unter der Erde. Denn auch aus Wurzelhälften kannst du neue Blumen ziehen. Im Frühjahr, wenn du einige deiner Pflanzen umtopfst, ist dazu die beste Gelegenheit. Besonders gut geeignet ist der Bubikopf.

Tipp: Wenn die Blätter gelb werden sollten, schneidest du das ganze Blattwerk einfach zwei Zentimeter über der Wurzel ab. Bestimmt sprießen bald neue Blätter!

Neue Pflanzen aus Zwiebeln

Stell dir vor: In einer Zwiebel steckt eine ganze Pflanze mit allen Nährstoffen, die sie zum Leben braucht. Im Frühjahr bahnt sie sich ihren Weg ans Sonnenlicht. Wenn Blüten und Blätter verwelken, wandern ihre Kräfte zurück in die Zwiebel. Dann kriegt die Zwiebel kleine Zwiebeln für neue Blumen. Darum darfst du die verwelkten Blätter erst abschneiden, wenn sie ganz vertrocknet sind.

Zwiebeln sind kleine Wunderwerke!

Krokus — Narzisse — Hyazinthe

Zwiebelblumen verschönern jeden Garten! Beste Pflanzzeit ist der Herbst – von Ende August bis Anfang November. Besonders schön sieht es später aus, wenn du die Zwiebeln in kleinen Gruppen anordnest. Wie tief du sie in den Boden setzen musst, ist von Pflanze zu Pflanze verschieden. Die meisten freuen sich jedoch, wenn die Erdschicht über ihnen ungefähr doppelt bis dreimal so dick ist wie sie selbst.

Und so werden aus Zwiebeln Blumen für die Fensterbank: Zuerst gibst du etwas Kies in einen Blumentopf und füllst bis zur Hälfte Komposterde darauf. Nun bettest du zwei bis drei Blumenzwiebeln hinein – mit den Spitzen nach oben. Erde drüber, bis die Spitzen knapp bedeckt sind. Jetzt gießen und den Topf für acht bis zehn Wochen an einen kühlen, dunklen Ort (zum Beispiel in den Keller) stellen. Mit etwas Glück hast du bald die tollsten Blumen!

Neue Pflanzen aus Knollen

Die bekannteste Knolle ist die Kartoffel. Ihre schwarzen Punkte werden Triebaugen genannt. Sie bringen neue Pflanzenteile hervor. Die Knolle selbst dient nur als Nährstoffspeicher. Bestimmt hast du schon einmal eine keimende Kartoffel gesehen. Pflanze sie in einen großen Blumentopf mit sandiger Erde. Bald treibt sie Sprossen, die grün werden und sich zu Blättern entwickeln. Dann blüht sie weiß bis lila und aus den Blüten werden dicke kleine Früchte, die wie grüne Minitomaten aussehen.

Achtung: Alle grünen Teile der Kartoffelpflanzen sind giftig. Also auf keinen Fall essen!

Unter der Erde bringt die Knolle kleine Kartoffelknollen hervor. Die kannst du im Herbst ausgraben, gut abwaschen, 15 Minuten lang kochen und mit Butter und etwas Salz genießen!

Tipp: Wenn du eine Kartoffel in ein Glas mit Wasser stellst, kannst du genau beobachten, wie sie Wurzeln schlägt!

Neue Pflanzen aus Kernen

Die meisten Pflanzen vermehren sich, indem sie ihre Blüten in Früchte verwandeln, in denen Samen heranreifen. Das können Steine (zum Beispiel bei Pfirsichen, Aprikosen und Kirschen), Kerne (wie etwa bei Äpfeln, Birnen und Zitronen) oder Samenkörner sein. Auch Bohnenkerne, Erbsen und Linsen sind Samen, in denen neue Pflanzen schlummern.

Hast du Lust, aus Zitrusfruchtkernen wunderschöne Grünpflanzen zu ziehen? Zum Beispiel von Zitronen, Apfelsinen, Mandarinen oder Pampelmusen? Dann reinige die Kerne unter fließendem Wasser und lass sie einige Tage lang trocknen. Anschließend bettest du sie in feuchte Baumwollwatte, spannst eine Plastikhaube mit Luftlöchern darüber und stellst das Ganze an einen warmen, dunklen Ort. Nach etwa drei Wochen werden deine Kerne keimen. Pflanze die Keimlinge in Töpfe mit Komposterde und stelle sie wieder an einen warmen, dunklen Ort. Sobald richtige Blätter sprießen, setzt du die Töpfe an ein helleres Plätzchen. Halte die Erde feucht und schon bald hast du tolle Grünpflanzen! Blüten und Früchte bekommen sie leider nicht.

Neue Pflanzen aus Samenkörnern

Bestimmt möchtest du in wenigen Tagen eine ganze Fensterbank voll essbarer junger Sprossen ziehen! Besorge dir aus dem Bioladen Weizenkörner, Mungobohnen, Senfkörner und Kresse.

Weizen    Mungo    Senf    Kresse

Außerdem brauchst du vier Schälchen und etwas Baumwollwatte.

Spüle jede Sorte in einem Sieb unter kaltem Wasser ab.
Befeuchte die Baumwollwatte und lege die Schälchen damit aus.
Streue je einen Esslöffel der Samen in ein Schälchen.
Zieh über jedes Schälchen eine Plastiktüte mit einigen Löchern.
Stelle sie an einen warmen, dunklen Ort. Schau täglich nach!
Entferne die Plastiktüten, sobald die Samen keimen.
Stelle sie an einen helleren Ort und besprühe sie täglich mit Wasser.
Tipp: Damit du immer weißt, wo was wachsen soll, beschrifte kleine Schildchen und stecke sie in die Schalen!

Sprossen sind gesund und schmecken toll auf Butterbroten!

16

Die meisten Samenkörner säst du am besten in die Erde. Und das geht so:

  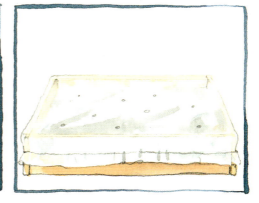

Fülle eine Schale oder Kiste bis einen Zentimeter unter den Rand mit Erde. Streiche sie glatt und gieße Wasser darüber, bis sie ganz feucht ist. Jetzt gibst du die Samen auf die Erde.

Tipp: Sehr kleine Samen vermischst du am besten mit Sand. Der verhindert, dass zu viele Körner auf einem Fleck landen. Größere Samen kannst du gleich in Blumentöpfe stecken. Achte darauf, dass zwischen ihnen drei Zentimeter Abstand ist.

Ob du die Samen mit Erde bedeckst oder nicht, ist von Pflanzenart zu Pflanzenart verschieden. Lies dazu die Hinweise auf den Samentütchen genau durch. Auf jeden Fall solltest du deine Samenkörner ein bisschen begießen. Dann spannst du eine durchsichtige Plastikfolie mit Luftlöchern darüber. Sobald die ersten Blätter sprießen, nimmst du die Folie ab.

Und wenn deine Keimlinge kräftig genug sind, pflanzt du sie einzeln oder höchstens zu dritt in Blumentöpfe. Gärtner nennen das „pikieren". Später kannst du deine Blumen in größere Schalen oder in ein Blumenbeet pflanzen.

Achtung: Manche Pflanzen mögen's lieber sonnig, manche lieber schattig. Wie du's richtig machst, steht auf den Samentütchen.

Margerite

Bunte Sommerblumenpracht

Mit ein paar Samentütchen verwandelst du Balkon und Garten in ein kunterbuntes Blütenparadies. Es gibt Mischungen für hohe, für mittelhohe und für niedrige Blumen – und sogar Extra-Tütchen für Pflanzen, über die sich die Bienen besonders freuen. Für alle einjährigen Blumen gilt: Im Frühling säen, im Sommer bestaunen! Nicht vergessen: Verwelkte Blüten immer sofort abschneiden, dann blühen deine Blumen länger. Die Hinweise auf den Samentütchen verraten dir, welche Besonderheiten du bei den einzelnen Pflanzen beachten musst. Allgemeine Tipps zum Säen: Seite 17.

Ringelblumen: Sie sehen nicht nur toll aus, sondern sind auch ein altes Arzneimittel, zum Beispiel für Salben.

Löwenmäulchen: Nimm Erde aus der Gärtnerei! In Komposterde sind häufig zu viele Unkrautsamen – Verwechslungsgefahr!

Sonnenblumen: Es gibt große und kleine Sorten. Über die Kerne der Riesensonnenblumen freuen sich im Winter die Vögel!

Studentenblumen: Weil sie komisch riechen, nicht nah an Fenster oder Terrasse setzen! Für Blumentöpfe gibt's niedrige Sorten.

Schöne Schlingpflanzen

Auch einige Schlingpflanzen versprechen sommerliche Blütenpracht, wenn sie rankend Balkon und Garten verschönern. Beachte auch hier die Hinweise auf den Samentütchen.

Wicken: Samen vor dem Aussäen für zwei Tage in Wasser einweichen.

Trichterwinde: Anfang Mai nach draußen säen oder im Haus vorziehen, Ende Mai rauspflanzen!

Zierkürbisse: Mitte April je zwei Körner im Blumentopf vorziehen, Mitte Mai rauspflanzen.

Tipp: Säe die Samenkörner der Schlingpflanzen vor einen Zaun oder vor ein Gitter, an dem sie hochranken können. Oder baue aus ein paar Bambusstangen und Bast im Handumdrehen ein Klettergerüst für deine Pflanzen: Lege die Stangen über Kreuz auf den Boden und verbinde sie miteinander. Du wirst staunen, wie schnell deine Blumen Farbe an eine graue Hauswand bringen. Übrigens – auch für Schlingpflanzen gilt: Verwelkte Blüten abschneiden, damit die Blumen einen ganzen Sommer lang blühen!

Hmm... leckere Kräuter!

In Töpfen und Beeten gedeihen auch leckere Kräuter. Auf was du bei den verschiedenen Kräutern achten musst, verraten dir Samentütchen und Schilder. Oder frag einfach deinen Gärtner!
Einige Kräuter kannst du prima selbst säen und großziehen:

Kapuzinerkresse ist gesund – von der Blüte bis zum Stiel.

Dill schmeckt gut zu Fisch.

Borretsch lockt Bienen und Hummeln an.

Von anderen Kräutern besorgst du dir am besten kleine Pflänzchen auf dem Markt, in der Gärtnerei oder von Freunden.

Petersilie passt zu allen Gemüsesorten.

Liebstöckel („Maggikraut") würzt Suppen.

Schnittlauch macht Salat und Tomaten lecker.

Zitronenmelisse verziert süße Desserts.

Möchtest du aus deinen Kräutern leckeres Kräutersalz herstellen? Das geht so:
Trockne die Blätter von Schnittlauch, Dill, Liebstöckel und Petersilie.
Zerreibe sie, bis nur noch ganz feine Krümel übrig sind.
Vermische sie mit Kochsalz – fertig!
Dein Kräutersalz schmeckt besonders gut auf Brot mit Butter, Frischkäse und geschnittenen Tomaten.

Tipp: In ein hübsches Gefäß verpackt, ist dein selbstgemachtes Kräutersalz ein tolles Geschenk, mit dem du deine Freunde und deine Familie überraschen kannst!

Doch mit Kräutern kannst du noch mehr machen. Aus frisch gepflückten Blättern zauberst du im Nu köstliche Kräuterbutter. Und so wird's gemacht:
Je eine kleine Hand voll Schnittlauch, Petersilie und Dill (ohne die dicken Stiele) fein hacken und mit einem halben Stück weicher Butter vermengen. Mit Salz, Pfeffer und einem Spritzer Zitrone würzen. Eine zerdrückte Knoblauchzehe macht's perfekt! Hmm … das schmeckt!

Tipp: Ob getrocknet als Kräutersalz oder frisch gepflückt – mit deinen Kräutern gibst du auch Suppen, Soßen, Rührei, Salaten, Gemüse und sogar herzhaften Pfannkuchen eine ganz besondere Würze. Probier's aus!

Waldemar's Gemüsegarten

Es gibt noch jede Menge andere Pflanzen, aus denen du leckere Mahlzeiten zaubern kannst. Viele gedeihen in großen Blumentöpfen genauso gut wie im Beet. Die Pflanzen auf dieser Seite kannst du prima aus Samen ziehen. Lies vorher die Hinweise auf den Samentütchen genau durch!

Pflücksalat schmeckt toll! Den ganzen Sommer lang kannst du die unteren Blätter abpflücken und einen Salat daraus zubereiten. Das „Herz", das Kernstück des Salatkopfes, solltest du nicht herausschneiden, damit dein Salat weitere Blätter hervorbringen kann.

Radieschen wachsen superschnell! Schon ein bis zwei Wochen nach der Aussaat sprießt das erste Grün, nach weiteren drei bis fünf Wochen kannst du mit der Ernte beginnen. Übrigens: Radieschen brauchen viel Wasser. Darum: Täglich gießen!

Zuckererbsen und ihre weichen Schalen sind ein Genuss! Ende April wird gesät, acht bis zehn Wochen später kannst du die Erbsen ernten. Am besten säst du die Rankpflanzen vor ein Gerüst (siehe Seite 19). Sobald die Hülsen wachsen, viel gießen!

Die Früchte der Pflanzen auf dieser Seite kannst du am schnellsten ernten, wenn du dir auf dem Markt oder in einer Gärtnerei kleine Pflänzchen besorgst.

Nebentrieb

Tomatenpflanzen brauchen jede Menge Sonne und viel Wasser. Ende Mai werden die kleinen Pflänzchen ins Beet oder in große Blumentöpfe gesetzt (geht auch im Haus auf dem Fensterbrett). Einmal in der Woche brichst du mit den Fingern die Nebentriebe aus den Blattwinkeln ab, damit deine Pflanzen nicht zu viele Blätter bekommen und reichlich Tomaten tragen. Sobald es Nachtfrost geben soll, pflückst du alle Tomaten ab und lässt die grünen, in dunkles Papier eingewickelt, drinnen auf der Fensterbank nachreifen.

Hmm... lecker! Wo bleibt die Schlagsahne?

Erdbeeren sind einfach klasse – vor allem mit Schlagsahne! Setze die Pflänzchen in der ersten Maiwoche nach draußen ins Blumenbeet oder in einen Kübel. Das „Herz" der Pflanze (das Verbindungsstück zwischen Wurzeln und Blättern) darf nicht mit Erde bedeckt sein. Erdbeerpflanzen lieben Sonnenschein und gleichmäßig feuchte Erde. Schon im Juli kannst du dir die süßen Beeren schmecken lassen.

Kraut oder „Unkraut"?

Ob ein Pflänzchen als „Unkraut" oder hübsche Blume gilt, ist Geschmackssache. „Unkraut" heißen alle Pflanzen, die einen Gartenfreund im Rasen oder in Beeten stören. Ein anderer Blumenliebhaber kann dieselben Pflanzen als „Wildkräuter" prima finden und sich darüber freuen, wenn sie im Garten grünen und blühen. Zu diesen Pflanzen zählen:

Brennnesseln finden viele Menschen hässlich. Außerdem tut es weh, wenn man sie berührt. Aber Brennnesseln sind für viele Schmetterlinge sehr wichtig: Weil ihre Raupen die Blätter so gern fressen, legen die Schmetterlinge ihre Eier an der Blattunterseite ab.

Klee wollen die meisten Leute, die ordentliche Rasenflächen schätzen, möglichst schnell loswerden. Doch unter den vielen, vielen dreiblättrigen Kleeblättern kannst du auch welche mit vier Blättern entdecken. Die sollen Glück bringen.

Gänseblümchen fühlen sich auf Rasenflächen ziemlich wohl. Dort vermehren sie sich sehr stark und verdrängen das Gras, was so manchem nicht gefällt. Doch viele Pflanzenfans haben Spaß an den kleinen Blümchen und pflücken Mini-Sträuße.

Löwenzahn hat lange Wurzeln, die sich nur schwer aus dem Boden ziehen lassen. Häufig wächst Löwenzahn auf Rasenflächen. Die einen ärgern sich darüber, die anderen machen sich aus Blüten und Blättern einen Salat.

Es gibt jedoch auch ein paar Pflanzen, die fast niemand gern im Garten haben möchte, weil sie die Zier- und Nutzpflanzen überwuchern. Sie nehmen ihnen lebenswichtige Nährstoffe und Wasser weg. Kein Wunder also, dass sie so manchem Gärtner die Zornesröte ins Gesicht treiben. Um dieses Unkraut zu beseitigen hilft nur eins: jäten, jäten, jäten – und zwar bevor die Pflänzchen blühen und ihren Samen überallhin verteilen. Manchmal ist auch trockenes Laub nützlich, das du um deine Pflanzen herum auf dem Boden verteilst. Dort kann das Unkraut nicht so schnell wachsen.

Giersch wuchert am liebsten in der Nähe von Hecken und Gebüschen, breitet sich aber auch gern im Rasen aus. Wo er sich einmal niedergelassen hat, bleibt er meist auf Dauer. Tückisch sind seine langen Ausläufer, die bis zu einem halben Meter tief in den Boden ragen.

Hahnenfuß fühlt sich im ganzen Garten wohl – auf der Wiese genauso wie im Blumenbeet. Seine Ausläufer haben starke Wurzeln, mit denen er sich überall gut festhalten kann. Der Hahnenfuß bekommt sehr viele Samen, die sich rasch ausbreiten.

Ackerwinden haben ebenfalls starke Wurzeln und meterlange Ausläufer. Darin speichern sie viel Nahrung. Wenn es dir nicht gelingt, Wurzeln und Ausläufer ganz aus dem Boden zu stechen, wächst die Ackerwinde immer weiter.

Quecken gehören genauso zum schlimmsten Unkraut. Sie wachsen im Rasen, in Blumen- und Gemüsebeeten. Ihre langen Ausläufer ragen manchmal über einen halben Meter tief in den Boden. Aus jedem Teilchen, das beim Jäten in der Erde bleibt, wächst eine neue Pflanze.

Kleine Tiere ganz groß

Wenn du deine Pflanzen genau unter die Lupe nimmst, entdeckst du vielleicht einige kleine Tiere. Manche von ihnen schädigen deine grünen Freunde, andere können sehr nützlich sein.

Diese Tiere sehen Gärtner gar nicht gern:

Blattläuse gibt's in grün und schwarz. Sie saugen die Blätter aus und nehmen deinen Pflanzen so wichtige Nährstoffe weg. Mische einen Liter lauwarmes Wasser mit fünf Gramm Schmierseife, gib den Mix in deine Sprühflasche und besprühe die Pflanze damit. Genauso gut kannst du Wasser und Seife auch in eine kleine Schüssel füllen und die befallenen Pflanzenteile darin abwaschen.

Asseln halten sich gern an feuchten, dunklen Orten auf, zum Beispiel unter einem Blumentopf. Sehr viele Asseln können deinen Pflanzen gefährlich werden, weil sie gern Wurzeln, Stängel und Blätter anfressen. Wenn mit deiner Pflanze etwas nicht stimmt, nimm sie aus ihrem Topf heraus. Wenn an ihren Wurzeln unzählige Asseln krabbeln, spüle sie vorsichtig ab und pflanze deinen Freund in neue Erde.

Nacktschnecken ohne Häuschen machen sich auch gern an deinen Pflanzen zu schaffen. Da sie meist nachts unterwegs sind, sammelst du die Tiere in den frühen Morgenstunden, wenn es noch dunkel ist, ein und setzt sie an Stellen aus, wo sie nicht viel anrichten können, zum Beispiel am Straßenrand oder in einem Graben.

Spinnmilben weben ein feines Netz um die Blätter und saugen sie aus, sodass sie bald abfallen. Sie sind ein Zeichen für zu trockene Luft. Schneide befallene Blätter ab, besprühe deine Pflanze mit Wasser und freu dich, wenn du Spinnen, Marienkäfer und Florfliegen in der Nähe deiner Pflanzen entdeckst. Sie fressen die Spinnmilben auf.

Damit sich gar nicht erst so viele Schädlinge an deinen Pflanzen zu schaffen machen, wirfst du möglichst jeden Tag einen kritischen Blick auf deine grünen Freunde. Sobald du einige Schädlinge findest, entfernst du sie am besten sofort. Je früher du etwas gegen diese Krabbeltiere unternimmst, desto besser.

Es gibt jedoch auch einige kleine Tiere, über die sich jeder Gärtner freut:

Marienkäfer haben Blattläuse zum Fressen gern. Auch ihre Kinder, die Larven, lassen sich die winzigen Krabbeltiere gern schmecken. Stell dir vor: So ein kleiner Marienkäfer schafft locker 80 Blattläuse am Tag!

Florfliegen mögen winzige Insekten und fressen auch gern Blattläuse.

Laufkäfer verschmausen Raupen, Puppen und manchmal sogar eine Schnecke.

Honigbienen, Wildbienen und **Hummeln** sorgen beim Nektarsammeln dafür, dass aus Blüten Früchte werden.

Kakteen – echte Überlebenskünstler

Kakteen sind ganz besondere Pflanzen: Sie brauchen kaum Wasser. Kein Wunder, denn sie stammen aus der Wüste. Weil es dort nur alle Jubeljahre einmal regnet, haben sie sich auf ein Leben in Trockenheit eingestellt.

In seinem dicken Stamm kann ein Kaktus lange Zeit viel Wasser speichern. Darum machen ihm längere Trockenzeiten nichts aus. Damit so wenig Feuchtigkeit wie möglich verdunstet, hat ein Kaktus keine Blätter, sondern Stacheln. Die schützen ihn außerdem vor durstigen Tieren, die am liebsten herzhaft in sein saftiges Fleisch hineinbeißen würden.

Kakteen sind sehr beliebte Zimmerpflanzen. Besonders toll sieht es aus, wenn du deine Kakteen in Gruppen auf ein Fensterbrett stellst. Viele kleine Töpfchen machen sich genauso gut wie eine größere Schale, in die du mehrere stachelige Gesellen pflanzt.

Und so pflegst du deine Kakteen richtig: Wie in der Wüste lieben Kakteen auch im Blumentopf sandigen Boden. Entweder vermischst du Blumenerde mit sauberem Sand oder du besorgst dir Spezial-Kakteenerde aus einer Gärtnerei. Weil in ihrer kargen Heimat immer die Sonne scheint, suchst du für deine stacheligen Freunde am besten ein helles Plätzchen. Wenn es schön warm ist, stellst du sie nach draußen.

Im Frühling und im Sommer gibst du deinen Kakteen einmal in der Woche einen Schluck Wasser. Damit sie fleißig blühen, verwöhnst du sie in dieser Zeit außerdem alle vier Wochen mit einem Kakteen-Spezialdünger. Im Herbst und im Winter brauchen deine Wüstenpflanzen Ruhe. Stelle sie an einen kühlen, hellen Ort (zum Beispiel in ein unbeheiztes Schlafzimmer oder ins Treppenhaus), dünge sie nicht und gieße sie kaum noch. Wenige Tropfen einmal in der Woche genügen.

Bei vielen Kakteen dauert es unheimlich lange, bis sie ein sichtbares Stück gewachsen sind. Alle ein bis zwei Jahre ist es jedoch meist so weit. Dann musst du sie in einen etwas größeren Topf umpflanzen. **Tipp:** Zieh vorher Handschuhe an!

Bäume

Bestimmt hast du schon einmal im Wald einen gefällten Baum entdeckt. An seinem Stamm kannst du erkennen, wie alt er geworden ist. Siehst du die Jahresringe? Weil ein Baum jedes Jahr ein Stück wächst, kommt jedes Jahr ein Ring hinzu. Zähl sie und du weißt, wie alt der grüne Riese war, als die Holzfäller kamen.

Im Herbst, wenn die Tage kürzer werden und die Sonne nicht mehr so hoch am Himmel steht, wandern viele Nährstoffe aus den Blättern ab. Der Baum speichert sie, damit im Frühling neue Blätter und Blüten sprießen können. Auch das Blattgrün verlässt die Blätter. Nur die rote und die gelbe Farbe bleiben zurück, sodass die Bäume ganz bunt in der Sonne leuchten. Bald fallen die Blätter ab. Wenn du genau hinsiehst, kannst du an den Zweigen, von denen sie sich gelöst haben, kleine Narben entdecken. Darüber verstecken sich winzige Knospen, die dort schon auf den nächsten Frühling warten.

Aus Baumsamen kannst du deine eigenen kleinen Bäume ziehen. Sammle im Herbst Eicheln, Bucheckern, Ahornsamen und Kastanien, setze sie einzeln in Blumentöpfe (das Beschriften nicht vergessen) und stülpe eine durchsichtige Plastikfolie mit Luftlöchern darüber. Stelle die Töpfe im Haus auf die Fensterbank und halte die Erde gleichmäßig feucht (aber nicht zu nass). Jetzt brauchst du Geduld. Aber wenn du Glück hast, sprießen bald die ersten Blätter. Dann kannst du die Folie abnehmen. Im April/Mai pflanzt du deine Baumkinder nach draußen. Viel Erfolg!

Kurz – Knapp – Kurios

Pflanzen, die sich bewegen können

Sonnenblumen zum Beispiel richten ihre Blüten immer nach der Sonne. Das kannst du prima an einem Sonnenblumenfeld sehen.

Auch andere Blumen bewegen sich: Morgens öffnen sie ihre Blüten und abends schließen sie sie wieder. Beobachte eine Tulpe!

Umgekehrt macht's die Nachtkerze: Sie öffnet ihre Blüten abends um ihren Duft zu verströmen, der viele Nachtfalter anlockt.

Besonders empfindlich ist die Mimose: Sobald du sie auch nur ganz vorsichtig mit deinen Fingern berührst, faltet sie blitzschnell ihre Blätter zusammen.

Pflanzen, die kleine Tiere essen

Weil der Boden, in dem sie wachsen, zu wenige Nährstoffe enthält, verspeisen sie Insekten. Manche lassen sich sogar Nagetiere und kleine Affen schmecken. All diese Pflanzen heißen „Fleisch fressende Pflanzen". Es gibt ganz verschiedene Arten:

Die **Venusfliegenfalle** futtert am liebsten Fliegen. Landet so ein Tier auf ihren Blättern, schnappt sie zu.
Die klebrigen Tropfen des **Sonnentau** sehen aus wie Tau und locken durstige Tiere an. Die fallen drauf rein, bleiben kleben und werden langsam verdaut.
Das **Fettkraut** sondert Fangschleim ab. Bleibt ein Insekt kleben, biegen sich die Blattränder nach oben und schließen das Tier in einer Art Verdauungskammer ein.
Die **Kannenpflanze** lockt Insekten ins Innere ihrer „Kanne". Die Wände sind so glatt, dass es für die Tiere kein Entkommen gibt. Sie rutschen nach unten und werden dort langsam verdaut.

Pflanzen, die auf Ästen wachsen

Das schaffen zum Beispiel Pflanzen der Bromelienfamilie. Willst du's ausprobieren? Am besten beginnst du mit Tillandsien. Besorge dir ein paar Pflänzchen aus der Gärtnerei, etwas Bindfaden, einen abgebrochenen, schön verzweigten Ast und einen Eimer mit Sand. Stelle den Ast in den Sand und befestige die Pflanzen mit dem Bindfaden in den Astgabeln. Damit die Tillandsien prächtig gedeihen, besprühst du ihre Blätter morgens und abends mit lauwarmem Wasser aus deiner Sprühflasche. Wenn du Glück hast, blühen deine Pflanzen in den schönsten Farben! Profi-Gärtner lassen auch andere Bromelienarten auf Ästen wachsen. Aber das ist etwas schwieriger, da sie mit Sumpfmoos befestigt werden müssen und auch mehr Pflege brauchen.

Pflanzen, die sich zwischen Steinen wohl fühlen

Ein echter Blickfang für Balkon und Terrasse ist ein kleiner Steingarten, den du im Frühling anlegst. Du brauchst eine Holzkiste, Kies, Sand, Steine, Blumenerde aus der Gärtnerei und natürlich ein paar Pflanzen. Freunde und Nachbarn haben vielleicht Ableger für dich. Und so wird's gemacht: Fülle zunächst den Kies in die Kiste und streue den Sand darüber. Jetzt verteilst du schöne, kantige Steine darauf. In die Ritzen krümelst du die Blumenerde und setzt deine Blumen hinein.

Steingartenpflanzen gedeihen am besten, wenn du die Kiste nach draußen in die Sonne stellst. Wichtig ist, dass du deine grünen Freunde regelmäßig gießt – aber nicht zu viel! Denn nasse Füße bekommen ihnen auf die Dauer gar nicht gut.

Pflanzen, die im Wasser wachsen

Es gibt Pflanzen, die sich an ein Leben im Wasser angepasst haben und in Teichen und an Ufern wachsen. Bestimmt hast du große Lust, dir im Frühling deinen eigenen kleinen Teich anzulegen! Dafür brauchst du jedoch nicht gleich ein Loch in die nächste Wiese zu buddeln. Wie wär's mit einer alten Zinkwanne oder einer Plastikschüssel?

Die passenden Pflanzen wie Iris, Seerose, Pfeilkraut und Wasserlinsen kannst du in einer Gärtnerei kaufen. Billiger ist es jedoch, wenn du Nachbarn, Verwandte oder Freunde, die einen Teich haben, nach Ablegern fragst.

Und so verwandelst du deine Wanne in eine wunderbare Wasserlandschaft: Fülle eine Schicht Kies, darüber eine Schicht Blumenerde und dann wieder eine Schicht Kies in die Wanne, sodass sie ungefähr zu einem Drittel gefüllt ist. Dann setzt du die Pflanzen hinein. Lege ein paar Steine um die Stängel, damit die Pflanzen nicht nach oben schwimmen, wenn du nun vorsichtig das Wasser hineingießt. Zum Schluss gibst du die Wasserlinsen ins Wasser.

Tipp: Wenn deine Schüssel irgendwann zu voll wird und die Pflanzen nicht mehr genug Platz haben, nimm ein paar Wasserlinsen heraus, schneide das Pfeilkraut zurück und teile die Seerose und die Iris. Bestimmt freuen sich andere Teichliebhaber über deine Ableger!

Sobald die Wasserlandschaft fertig ist, legst du dich auf die Lauer. Es dauert bestimmt nicht lange, bis ein paar Tiere vorbeischauen, die sich für deinen „Teich" interessieren.

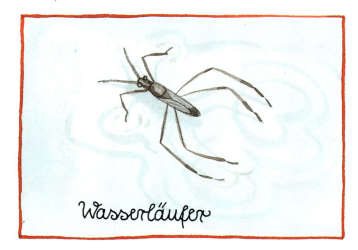

Vielleicht lässt sich eine Libelle blicken? Oder ein Wasserläufer saust über die Wasseroberfläche?

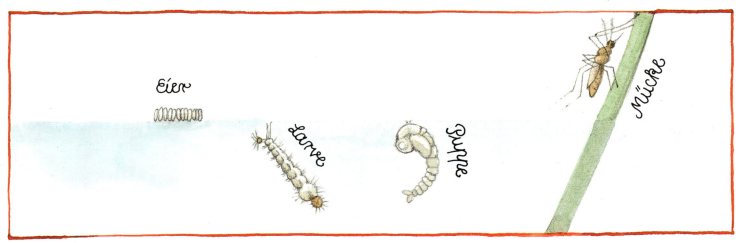

Vielleicht siehst du auch ein paar Mücken, die ihre Eier an der Wasseroberfläche ablegen? Aus den Eiern schlüpfen später Larven, die mit dem Kopf nach unten im Wasser hängen. Etwa vier Wochen später verpuppen sie sich. In der harten Haut findet eine fantastische Verwandlung statt: Nach zwei Tagen krabbelt eine fertige Mücke heraus und klettert an die Wasseroberfläche. Dort lässt sie ihre Flügel trocknen und fliegt bald los. Übrigens: Nur die Weibchen stechen, weil sie das Blut zum Eierlegen brauchen. Besonders neugierige Naturforscher füllen etwas Wasser in ein Glas und nehmen es dann genau unter die Lupe. Vielleicht entdeckst du Wasserflöhe und Hüpferlinge?
Viel Spaß beim Entdecken
und Beobachten!

Was tun zu welcher Jahreszeit?

Für Gärtner gibt's rund ums Jahr viel zu tun. Damit du den Überblick nicht verlierst, hier die wichtigsten Arbeiten auf einen Blick:

Frühling
(Mai und Juni)

- Sobald es keine Frostgefahr mehr gibt, alle Zimmerpflanzen – auch die Kakteen – nach draußen stellen.
- Kakteen wieder etwas mehr gießen (einen Schluck Wasser pro Woche).
- Zimmerpflanzen und Kakteen düngen.
- Baumkinder nach draußen pflanzen.
- Pflanzen, die stark gewachsen sind, in größere Töpfe umpflanzen.
- Sommerblumen, Schlingpflanzen, Kapuzinerkresse, Dill, Borretsch, Pflücksalat, Radieschen und Zuckererbsen säen.
- Petersilie, Liebstöckel, Zitronenmelisse, Schnittlauch, Erdbeerpflänzchen und Tomatensetzlinge pflanzen.
- Stein- und Wassergarten anlegen.

Sommer
(Juli und August)

- Weil es in diesen Monaten meist sehr heiß ist, alle Pflanzen reichlich gießen. Den Topf- und Kübelpflanzen, die draußen in der Sonne stehen, am besten morgens und abends einen ordentlichen Schluck Wasser geben.
- Auch den Kompost feucht halten.
- Schlingpflanzen an Zaun oder Gerüst hochbinden.
- Verwelkte Blüten der Sommerblumen und der Schlingpflanzen regelmäßig abschneiden.
- Pflanzen nach Schädlingen absuchen.
- Die Nebentriebe der Tomatenpflanze herausbrechen.
- Erste Kräuter, Salatblätter, Radieschen, Zuckererbsen, Erdbeeren und Tomaten ernten.
- Zimmerpflanzen und Kakteen auch weiterhin düngen.
- Das verwelkte Laub der Zwiebelblumen abschneiden.
- Unkrautjäten nicht vergessen!

Herbst

(September bis November)

- 🌸 Wenn Nachtfrost droht, Zimmerpflanzen und Kakteen zurück ins Haus bringen.
- 🌸 Zimmerpflanzen und Kakteen eine Ruhepause gönnen und bis zum nächsten Frühling möglichst in ein helles, unbeheiztes Zimmer stellen.
- 🌸 Nicht mehr düngen, weniger gießen.
- 🌸 Tomaten pflücken und alle, die noch grün sind, zum Nachreifen in Papier einwickeln und aufs Fensterbrett legen.
- 🌸 Pflanzen, die zu groß geworden sind, umtopfen.

- 🌸 Sommerblumen und Schlingpflanzen zurückschneiden, nach Samenkörnern fürs Säen im nächsten Frühling durchsehen, die Körner in Gläsern aufbewahren und die Reste der Pflanzen auf den Komposthaufen werfen.
- 🌸 Samenkörner der Riesensonnenblume ernten und zum Trocknen im Haus auf einen Teller legen.
- 🌸 Eicheln, Bucheckern, Ahornsamen und Kastanien sammeln und in Blumentöpfe pflanzen.
- 🌸 Blumenzwiebeln in die Erde setzen.

Winter

(Dezember bis April)

- 🌸 Sonnenblumensamen an die Vögel verfüttern.
- 🌸 Kakteen kaum noch gießen.

Pflanzen und Tiere auf einen Blick

Ackerwinde (Convolvulus arvensis) 25
Ahorn (Acer) 31, 39
Ananas 12
Apfelsine 15
Äpfel 15
Aprikosen 15
Asseln 8, 9, 26

Bäume 30, 31, 38
Begonien (Begonia) 11
Bienen 18, 20, 27
Birnen 15
Bischofsmütze (Astrophytum) 28
Blattläuse 26, 27
Bogenhanf (Sansevieria) 11
Bohnen 15
Borretsch (Borago officinalis) 20, 38
Brennnesseln 24
Bromelien 34
Bubikopf 12
Buche (Fagus) 31, 39

Dickblattgewächs 28
Dill (Anethum graveolens) 20, 21, 38

Eiche (Quercus) 31, 39
Erbsen 15
Erdbeeren 23, 38

Feigenkaktus (Opuntia) 29
Fettkraut (Pinguicula) 33

Fleisch fressende Pflanzen 33
Florfliegen 26, 27

Gänseblümchen (Bellis perennis) 24
Gemüse 22
Giersch 25
Glockenblume (Campanula carpatica) 35
Grünlilie (Chlorophytum comosum) 10

Hahnenfuß (Ranunculus repens) 25
Hauswurz (Sempervivum) 35
Honigbienen 27
Huckepackpflanze 10
Hüpferlinge 37
Hummeln 20, 27
Hyazinthe (Hyacinthus) 13

Iris (Iris kaempferi) 36

Judenbart (Saxifraga stolonifera) 10

Kakteen 28, 29, 38, 39
Kannenpflanze (Nepenthes) 33
Kapuzinerkresse (Tropaeolum majus) 20, 38
Kartoffel (Solanum tuberosum) 14
Kastanie (Aesculus) 31, 39
Klee 24
Kirschen 15
Kresse (Lepidium sativum) 9, 16
Krokus (Crocus) 13
Kräuter 20, 21

Laufkäfer 27
Lebende Steine (Lithops) 28
Libelle 37
Liebstöckel (Levisticum officinale) 20, 21, 38
Linsen 15
Löwenmäulchen (Antirrhinum) 18
Löwenzahn (Taraxacum officinale) 24

Mandarinen 15
Margerite (Chrysanthemum) 17
Marienkäfer 26, 27
Mauerpfeffer (Sedum) 35
Mimose (Mimosa pudica) 32
Mittagsblume (Dorotheanthus bellidiformis) 35
Mücken 37
Mungo 16

Nachtkerze (Oenothera) 32
Nacktschnecken 26
Narzisse (Narcissus) 13

Pampelmuse 15
Pantoffelblume (Calceolaria) 27
Petersilie (Petroselinum crispum) 20, 21, 38
Pfeilkraut (Sagittaria sagittifolia) 36
Pfirsich 15
Pflücksalat (Lactuca sativa) 22, 38

Quecke (Agropyron repens) 25

Radieschen 22, 38
Regenwürmer 8, 9
Riesensonnenblume 18, 39
Ringelblumen (Calendula officinalis) 18

Schlangenkaktus (Aporocactus) 29
Schlingpflanzen 19, 38, 39
Schmetterlinge 24
Schnecke 27
Schnittlauch (Allium schoenoprasum) 20, 21, 38
Schwiegermuttersessel (Echinocactus grusonii) 29
Seerose (Nymphaea) 36
Seifenkraut (Saponaria) 35
Senf 16
Sommerblumen 18, 38, 39
Sonnenblumen (Helianthus annuus) 18, 32, 39
Sonnentau (Drosera) 33
Spinnen 26
Spinnmilben 26
Steingartenpflanzen 35
Studentenblumen (Tagetes) 18
Sumpfmoos 34

Teufelskralle (Ferocactus) 28
Tillandsien 34
Trichterwinde 19
Tomate (Lycopersicon esculentum) 20, 21, 23, 38, 39
Tulpen (Tulipa) 32

Unkraut 24, 25
Usambaraveilchen (Saintpaulia) 11

Venusfliegenfalle (Dionaea) 33

Wasserflöhe 37
Wasserläufer 37
Wasserlinsen (Lemna) 36
Wassergartenpflanzen 36, 38
Weizen 16
Wicken (Lathyrus) 19
Wildbienen 27

Zierkürbisse 19
Zitronen 15, 21
Zitronenmelisse (Melissa officinalis) 20, 38
Zuckererbsen 22, 38
Zwiebelpflanzen 13, 38, 39

Jede Menge tolle Sachen rund ums Gärtnern gibt's in der Edition «Die Spiegelburg».